AF429408

Nigredo

IBERO-AMERICAN POETRY AWARD "ENTREVERSOS"
II EDITION

Jury composed of the poets Raúl Zurita, Juan Carlos Mestre,
and José María Zonta.

ISBN: 979-8-9886901-1-5
Library of Congress Control Number: 2026935479

Quantum Prose is a 501 (c) (3) non-profit organization
incorporated in New York City, NY

quantumprosebooks@gmail.com
www.quantumprose.org

Nigredo

Marta del Pozo

~

Translated by Peter Kahn

QUANTUM PROSE

ÍNDICE

CONTENTS

*A mi madre,
mi vacío más pleno*

No importa el país, la escena se repite: el movimiento eléctrico de sus cuellos, ese leve darse a sí mismos y, en su naturaleza elemental, conquistarnos. Los gorriones son como el fuego. Nos dicen *aquí y ahora: arde.* Aprende de los gorriones, cuya única preocupación son las migas que dejas, y que estas aceitunas negras sobre la mesa no te lleven a los olivos del Peloponeso (el bálsamo para las heridas) ni a las canciones de Cohen (la herida abierta). Olvida los ojos negros de tu caída. Piensa en las aceitunas y en los gorriones. Cinco aceitunas como cinco estrellas que brillan en el fondo de un pozo.

Arde.

Regardless of the country, the scene repeats itself: the electric movement of their necks, that gentle way of self-possession, and by their elemental nature, enthralling us. Sparrows are like fire. They speak to us, *here and now: burn.* Learn from the sparrows, whose only concerns are the crumbs you leave, and may those black olives on the table not take you to the olive groves of the Peloponnese (balm for wounds) or to Cohen's songs (wound wide open). Forget the black eyes of your fall. Think of the olives and the sparrows. Five olives like five stars shining at the bottom of a well.

Burn.

1. Desde una estrella oscura

Caer de vacío en vacío.

Roberto Juarroz

1. From a Dark Star

To fall from void to void.

Roberto Juarroz

HE VISTO un martín pescador abalanzarse en picado sobre su presa, por tres veces lo he observado sumergirse a través de la superficie del agua y aletear de nuevo hacia lo alto. He visto (aún veo) dos cigüeñas descansar sobre los postes de madera en el embarcadero, abrir sus alas y asemejarse, de perfil, a pequeños dragones medievales. Al unísono, alzaron el pico y lo volvieron a colocar lentamente bajo el plumaje, mientras el martín al fondo de la escena persistía en su caza. También he visto otros pájaros más pequeños y me he dado cuenta de mi limitado vocabulario para los pájaros. Estos son raudos y planean durante largo tiempo a ras de la superficie. Ayer escuché un cuervo graznar sobre mi cabeza, un cuervo como cualquiera de los cuervos que hace una semana vi en Polonia, y me pregunto por qué tanto cuervo hoy en día. Él me ha dicho que, mientras pensaba en mí la otra tarde, vio cuervos a través de la ventana y que el suelo pareció temblar. El cuervo, dijo, es un pájaro de plomo que cae de una densa oscuridad a otra. Cuando bajes a su *nigredo*, como aquellos marineros ciegos, abre bien los ojos.

I saw a kingfisher dive headlong upon its prey, three times I watched it break the water's surface and flutter upward again. I saw (I still see) two storks perched atop the wooden posts of the pier, spreading their wings and resembling, in profile, small medieval dragons. In unison, they raised their beaks and slowly put them back beneath their feathers as the kingfisher, in the background, persisted in its hunt. I then saw other smaller birds and took note of my limited bird vocabulary. Birds so swift, gliding over long distances, skimming the surface. Yesterday I heard a crow cackling over my head, a crow like any of the crows I saw in Poland last week. I wonder why there are so many crows these days. He told me that, while he was thinking about me the other day, he saw crows through the window and the ground seemed to shake. The crow, he said, is a bird of lead, falling from one dense darkness into another. When you descend into its *nigredo*, like those blind sailors, open your eyes wide.

Porque hay algo antes del ojo que también ve; ve las cosas por dentro y su envés. Algo que palpa, luego testifica y le dice al ojo: *ábrete*. Ese algo es otro ojo, hecho de su misma, pero no capta las formas del mundo sino el territorio antes de la forma, el hueco del ala de las cosas, el sonido del ala de las cosas. Es un ojo que más bien escucha, tienta y acomoda el cuerpo ante cualquier nueva geografía. También lo arroja hacia una estantería de libros en un puerto de mar, el último de los cuales, en el último anaquel, cumple la última esperanza del ojo al ostentar el título *Ornithology*. Y una sección dedicada al cuervo —raven, en inglés: "the spirit that corresponds to the crow". El texto no me ilumina más allá. Lo que importa es la cuerda tensada entre lo visible y lo que está antes de la forma, el *ábrete sésamo* de la materia que el ojo antes del ojo invoca.

Because there is something before the eye that also sees; it sees the inside of things and their inverse. Something that feels, then testifies, and tells the eye: *open wide.* This something is another eye, made of the same substance, but it does not capture the forms of the world; rather, it perceives the territory before form, the hollow of the wings of things, the sound of the wings of things. It is an eye that listens, feels its way, and adapts the body to the new geography. It also propels it toward a bookshelf in a seaport, where the last book of the last shelf fulfills the last hope of the eye by bearing the title *Ornithology.* And a section dedicated to the raven: "the spirit that corresponds to the crow." The text enlightens me no further. What is important is the taut line stretched between the visible and that which lies before form, the *open sesame* of matter that the eye before the eye invokes.

QUE escuchando, vea, sienta, toque.
Que escuchando, escuche un trino:
la palabra aún no pronunciada,
la palabra que guardo para mi boca.

Habitar esa palabra.
Encarnar la palabra que espera
en la fragua de un pájaro.

Abro mis alas:
No me detengo.
No me apresuro.

Me elevo hacia una bahía de sangre nueva,
la dulce sangre de nuestro pacto y de nuestras flores.

THAT while listening, I should see, feel, touch.
That while listening, I should listen to a warbling:
the word not yet spoken,
the word I keep for my mouth.

To inhabit that word.
To embody the word that awaits
in the forging of a bird.

I spread my wings.
I do not pause.
I do not hurry.

I rise toward a bay of new blood,
the sweet blood of our covenant and our flowers.

EXISTE un *mudra* realizado durante la espiración que recoge la energía de la *estrella oscura*. Aun espirando, absorber energía. Como respirar bajo el agua. O escribir "energéticamente," Como Nietzsche habría hecho, tecleando en su máquina. Pura propulsión y galope para hallar simultáneamente lo apolíneo. Escribir desde una estrella oscura: sístole y diástole. Un movimiento hacia adentro (hacia el interior del cuerpo, de las palabras, de la máquina) y otro hacia fuera, pues "no concibo pensamiento que no se haya originado a partir del ejercicio de todos mis músculos". Pero los movimientos sutiles son los más eficaces: un aventurar el alma (el pensamiento) en la dirección de una sombra o de un sonido (hacia la dimensión estética), ladear la cabeza hacia un rincón del planeta o abrir la palma de la mano en la dirección del amado (en el planeta) para que toda la fuerza de esta tormenta de costa le lleve las ráfagas de mi ardor de modo instantáneo. Haga temblar su casa con mi fuego.

O vivir desde una estrella oscura.

THERE IS a *mudra* gestured during exhalation, that gathers the energy of the *dark star*. Even exhaling, energy is absorbed. Like breathing underwater. Or writing "energetically," as Nietzsche would have done, tapping on his typewriter. Pure propulsion, at full gallop, to discover the Apollonian. To write from a dark star: systole and diastole. A movement inward (into the body, into the words, into the typewriter) and another outward, for "I can't conceive of any thought that has not arisen from the exercise of all my muscles." Yet the subtlest gestures are the most efficient: to venture the soul (thought) toward a shadow or a sound (toward the aesthetic dimension), to tilt the head toward a corner of the planet, or to open the palm of my hand in the direction of my beloved (on this planet) so that all the force of this coastal storm carries to him the winds of my ardor, rattling his home with my fire.

Or to live from a dark star.

2. Vilanos en Varsovia

> *Caer de vacío en vacío,*
> *como un pájaro que cae para morir*
> *y de pronto siente que va a seguir volando.*
>
> R.J.

2. Thistledown in Warsaw

> *To fall from void to void*
> *like a bird falling to its death*
> *and suddenly sensing it will go on flying.*
>
> R.J.

ME HALLO ante la puerta de una ciudad antigua. Me hallo ante la muralla. Su arco ojival es el camino de acceso a mi gremio: fui zapatera o curtidora, diestra en algún arte. Me hallo simultáneamente ante las puertas de mi pasado y de mi futuro (uno es siempre simultáneamente puerta). Me hallo a las puertas de la maternidad, pero mi prole tiene páginas blancas. Y en cada página, hay un pájaro negro. A veces, el pájaro cobra forma de campanada o de campanario: mi maternidad suena ahora en lo alto de mi casa (de mi cabeza). No importa ante qué puertas me halle: la entrada está siempre dentro.

I FIND MYSELF at the gate to an ancient city. I find myself before a wall. Its pointed arch is the access path to my guild: I must have been a shoemaker or a tanner, skilled in some craft. I find myself simultaneously at the gates to my past and my future (one is always, simultaneously a door). I find myself at the gates of motherhood, but my offspring have blank pages. And on every page, there is a black bird. At times, the bird takes the shape of a bell or bell tower: my motherhood now rings out from the heights of my home (my head). It does not matter which gates I find myself before: the entrance is always within.

ENTRE zapatos de abuelos, trajes blancos de comunión, desodorantes y diademas, esta mañana me he perdido en el mercado del barrio de Praga, al este del Vístula. He escuchado alardes de mercancías y una anciana me ha regañado por algo. Luego, con nueve *zlotis* y medio, he obrado el milagro: he comprado unas plantillas para mis zapatos y una botella de agua. También amo las sopas agrias que hace mi abuela. Me espera, colgando sus trapos de cocina, en el balcón de un antiguo edificio comunista. Me siento a observarla en este banco del parque antes de agitar mi pañuelo, mientras a mi lado se posa un pájaro que me interroga por lo escrito. Escribo, le digo, un común denominador: vilanos. Porque no importa el barrio ni el motivo: en Varsovia nieva vilanos como metáfora de la parte por el todo; por ejemplo, tus manos a la luz de los farolillos (con ellas reconstruyo un tallo y un volumen para un cuerpo) o tu voz (y con ella reconstruyo la esencia de tu alma).

La nostalgia escribo, pájaro mío. Conóceme:

Amid grandparents' shoes, white communion dresses, deodorants and hair bands, I lost myself this morning at the market in the Praga district, on the east bank of the Vistula. I heard the hawking of merchandise, and an old woman scolded me for something. Then, with nine and a half *zlotys*, I worked the miracle: I bought a bottle of water and insoles for my shoes. I also love the sour soups cooked by my grandmother. She is waiting for me on the balcony of an old communist building, hanging her kitchen rags. I sit to watch her from this park bench before waving my scarf, as a bird alights beside me and questions me about my notes. I write, I tell it, a common denominator: thistledown. Regardless of the district or the reason, in Warsaw, it snows thistledown as a metaphor of the part for the whole; for example, your hands by the light of lanterns (with which I build a stem and volume for your body) or your voice (with which I build an essence for your soul).

I write nostalgia, my little bird. Come get to know me:

ME GUSTA escuchar lenguas ajenas en un mercado y la música de violines que ahora suena. Bailaría si estuviera embriagada o iluminada por las estrellas. Si me descuido, renazco a cada momento. Me gusta ver películas en versión original en un cine antiguo. Postergo la hora del espejo… Arrastro a una desconocida de ciudad en ciudad. Cuando menstrúo, pierdo peso. Los cuervos graznan diciendo: *ahí va la que ya no es, la que va a ser otra, la que era…* No les he dado una moneda a los niños que se acaban de acercar a mi mesa; dejé todas en la cesta de aquel mimo que permaneció horas en la misma pose. Ese hombre y yo tenemos algo en común. Creo que mi vejez será mi infancia. Solo lo que concibo puede salvarme. La generosidad es una palabra grande, sobre todo, cuando se viste de fortaleza. He visto un río teñido de rojo. Vine a Polonia a ponerme una piel nueva. Y una esencia. Puedo vibrar. Con zapatos de lona y la melena al viento, así me visto de costa. Hay un *dónde* elástico, plural, itinerante. Asocio manzanas con hortensias. La línea lineal no importa. También asocio vejez e infancia. No soy inmune a la historia. Me pregunto si continúo sentada en todas las sillas en las que he estado. Quiero pronunciar las palabras *vilanos en Varsovia*, pero tan solo llego a transcribir la caligrafía de un extraño: *Dmuchawiec w Warszawie*. Nunca desconocí tanto una lengua. Nunca la comprendí tanto.

I LIKE listening to foreign languages in a market and the violin music being played right now. I would dance if I were intoxicated or illuminated by the stars. If I get distracted, I am reborn every time. I like watching films in their original versions in old movie theaters. I put off the hour of the mirror... I drag a stranger from town to town. I lose weight with every menstruation. The crows cackle, saying: there goes *the one who is no longer, the one who will become, the one who was...* I didn't give any coins to the children who just approached my table; I left them all in the basket of that mime who, for hours, held the same pose. That man and I have something in common. I believe my old age will be my childhood. Only what I can conceive can save me. Generosity is a big word. Mostly when it shows itself as strength. I saw a river dyed red. I came to Poland to wear a new skin, and an essence. I can vibrate. With canvas shoes and my hair to the wind, I dress as coast. There is an elastic, plural, itinerant *where*. I associate apples with hydrangeas. The linear line isn't important. I also associate old age and childhood. To history, I am not immune. I wonder if I am still seated in all the chairs I have ever sat in. I want to pronounce the words "thistledown in Warsaw," but I only manage to transcribe the calligraphy of a stranger: *Dmuchawiec w Warszawie.* I have never been so ignorant of a language. I have never understood one so well.

EN ESTA sala hay cinco conversaciones, dos silencios y medio, y un soliloquio. Una por una, me invito a las respectivas mesas y a sus gestos. Al continuo de palabras y silencios, a los ajustes internos en cada diálogo. Estudio mi posible afinidad o pertenencia a algo que se salga de mi esfera, de mi ámbito, y pienso que todas las conversaciones ocurren en el mismo espacio (el del aire), mientras mi soliloquio se extiende en el éter. ¿Es acaso el éter una sustancia que recubre el aire y acopla estas cabezas en una sola mente? Es, sin duda, más denso. Y además tiene las propiedades del fuego. Es una sustancia como un océano entre dos puntos cualesquiera o una bombilla encendida en mitad de la niebla. Una densa membrana que recubre las palabras y los silencios. Nuestro pacto habita esa membrana.

El dulce pacto de nuestra sangre y de nuestras flores.

IN THIS room there are five conversations, two and a half silences and one soliloquy. One by one, I invite myself to the respective tables and gestures. To the continuum of words and silences, and the internal modifications in each dialogue. I then study my possible affinity to something beyond my scope, my sphere, and I think that all conversations take place in the same space (that of the air), while my soliloquy extends into the ether. Is the ether, perhaps, a substance that encases the air and couples these heads in a single mind? Undoubtedly, it is denser. And it has the properties of fire. A substance like an ocean between two random points, or a bulb glowing in the fog. A dense membrane that encases words and silences. Our covenant inhabits this membrane.

The sweet covenant of our blood and our flowers.

Escucho el ala de un pájaro y, sobre el jardín de Jehová que voy dejando a mi izquierda en este tren, de repente aparecen barracones ante los que forman cuerpos como espigas de trigo. "Polonia es una alfombra verde en el espacio, hecha para el tacto y el resbalarse en primavera; dejarse rodar en bicicleta por un camino de tierra que se curva hacia la casa como el ala de un ángel… A la orilla del río, ella me espera con su dulce milagro de violetas. Y un pan bajo el vientre. Al fondo, las campanadas de una iglesia blanca como una religión de porvenir". Todo esto, me dicen los ojos, como olivas, de un joven en el vagón de un viejo tren de mercancías. Vamos demasiado hacinados aquí dentro, y nadie nos ofrece té ni nos pone una película. Así será el futuro, pienso, pero la palabra *futuro* no está en su vocabulario. Cómo explicarle, cómo prepararle, cómo retrocederle a un vientre. ¿Cómo escribirle una carta en polaco que diga *heredarás la tierra*?

Todo estaba dispuesto: un río, un fogón y las violetas.

I HEAR the wing of a bird and, above the Garden of Jehovah that we leave behind on this train, barracks suddenly appear, in front of which people, like spears of wheat, are forming a line. "Poland is a green carpet in space, made to be caressed and to slip into spring; to let oneself roll over while riding a bicycle along a dirt road that curves, like the wing of an angel, toward the house... At the riverbank, she is waiting for me with her sweet miracle of violets. Beneath her belly, a loaf of bread. Bells chime in the background from a white church like a religion of a world to come," say the dark eyes of a young man in the car of an old freight train. We are crowded in here, and no one will show us a movie or offer us some tea. That's how the future will be, I tell him, but the word *future* is not in his vocabulary. How can I explain, prepare him, send him back to the womb? How can I write a letter in Polish that says *you shall inherit the earth*?

Everything was ready: a river, a hearth, and the violets.

DICEN que esta es la plaza más bella del mundo. Que la sombra de la tarde va llegando con el repiqueteo de los cascos de los caballos. Y que un pintor la espera a una para mostrarme los bocetos de los ríos de sus manos. Cracovia, dice, no es un buen lugar para el arte. Y yo le muestro las fotos que he tomado en el Museo Nacional de Varsovia, mis cuadros favoritos polacos. Hay uno como sacado de *El espejo* de Tarkovski: tiene finos trazos triangulados para las ramas de bosque y al fondo hay un pequeño claro con una bandada de pájaros. Pájaros negros sobre fondo blanco. En otro lienzo hay un anciano y un niño en una estepa cerca de una tienda de campaña. El dedo índice del niño apunta las señales del cielo. Pero también hay pájaros negros fuera del lienzo, de la pantalla de mi cámara, e incluso de esta plaza. Pájaros que son punto de fuga y ningún pincel acierta. Tan solo tengo palabras para anunciar profecía: palabras negras sobre fondo blanco.

THEY SAY this is the most beautiful square in the world. That the afternoon's shadows arrive with the clatter of horses' hooves. And that a painter is waiting to show me the sketches of the rivers of his own hands. Kraków, he says, is not a good place for art. And I show him the photographs I took at the National Museum of Warsaw, my favorite Polish paintings. There's one that seems straight out of Tarkovsky's *The Mirror*. It has fine triangular strokes for forest branches, and in the background, a small clearing with a flock of birds. Black birds on a white background. On another canvas, an old man and a boy stand on a steppe near a tent. The boy's index finger points to the signs in the sky. There are also black birds outside the canvas, the screen of my camera, and even beyond this square. Birds that are vanishing points, and no brush can capture. I have only words to pass prophecy: black words on a white background.

Mi sintaxis es un hilo rosa que se descuelga del techo y pasa por los filamentos de la gran lámpara; enciende todo lo que toca en una sinagoga que, durante la ocupación nazi, fue un establo. "Primero polaco, luego judío," dijo Tadeusz Jakubowicz. Bajo la luz eléctrica, también leo: "Todavía desconozco lo que es el mundo, una ola alta que ahoga los sentidos". Mi sintaxis a veces sucumbe a la ola y, otras, se enciende como las bombillas de la gran lámpara o el hilo rosa que desciende por dentro de la cuerda hasta mi cabeza. "Si no hubiera sido por la posguerra, no habríamos aprendido tanto sobre la electricidad," dijo Tadeusz. Mi sintaxis atiende a los relinchos (a la verdad) de esta sinagoga, a las palabras de una judía polaca que yacen bajo la ola, antes de la luz eléctrica. Afuera, en esta plaza del gueto, unas marionetas descansan a la sombra de un árbol, en un banco de piedra. Mi sintaxis anuncia la próxima liberación de Polonia.

My syntax is a pink thread hanging from the ceiling, passing through the filaments of the great lamp; it ignites everything it touches in a synagogue that, during the Nazi occupation, was a stable. "First Polish, then Jewish," said Tadeusz Jakubowicz. Beneath the electric light, I read some verses: "I still don't know what the world is / a tall wave that drowns the senses." My syntax sometimes succumbs to the wave, and at other times it blazes like the lightbulbs of the great lamp, or like the pink thread descending through the cord toward my head. "If it hadn't been for the postwar, we wouldn't have learned so much about electricity," said Tadeusz. My syntax responds to the neighing of horses (the truth) of this synagogue, to the words of a Polish Jewess lying beneath the wave, before electric light. Outside, in this square of the ghetto, some puppets rest beneath the shadow of a tree, on a stone bench. My syntax announces the coming liberation of Poland.

Entonces llegó el ángel y dijo:

- Te haré a tu imagen y semejanza. ¿Confías?
- Confío.

- ¿Cómo quieres darte?
- Fuerte y generosa.

Luego encontramos un árbol con su densa cortina de ramas y una piedra. Y dije: "Piedra, yo también soy piedra y soy una. Y también soy pies y soy descalza". Y el ángel sopló sobre mi cabeza, y el mundo sopló un gran vilano.

Pisa fuerte, pies primero.

Mi melena, como un niño, yace ahora en mi regazo.
Todos mis espejos y mis diamantes han caído.

Un ángel sentencia y se aleja por donde vino:
en el punto exacto de la plaza de Copérnico.

(Sin darse la vuelta ninguno de los participantes).

No deja estela de su paso por el mundo,
tan solo un mundo nuevo.

Y, sin embargo, se mueve.

Los pies, primero.

THEN the angel arrived and said:

- I will make you in your own spit and image. Do you trust me?
- I trust you.

- How do you want to offer yourself?
- Strong and generous.

Then we came across a tree with a dense curtain of branches, and a stone. And I said: "Stone, I too am stone, and I am one. I too am feet, and I am barefoot." And the angel blew over my head, and the world blew a great thistledown.

Step firmly, feet first.

My hair, like a child, now rests in my lap.
All my mirrors and diamonds have fallen.

An angel passes judgment and departs the way he came:
at this exact point in Copernicus square.

(Without any of the participants turning around.)

He leaves no wake in his passing through the world,
just a world made anew.

And yet it moves.

Feet first.

Y UNA sale al mundo como recién parida y ha de acoplar uno a uno los sentidos, hacerse un hueco en el hueco del mundo, quitarse el hueco de dentro y dárselo al aire. Existe una discrepancia, como si estuviera diferida del paisaje, como si todo fuera un ruego o un todavía… Hay un *cuándo*, y luego está una desplanetada entera. Una convertida en hueco, es decir, en todo. Una no dicha, no percibida, hasta que llega otra (que es una) y conoce sus facciones (es decir, la reconoce). Y le dice: "ven conmigo al reinado de las formas en Krakowskie Przedmieście, donde los dedos de Chopin nos reconfortarán en notas de callada alegría". Y atraviesan una y otra, sopladas por el viento, la Calle Real de la vida con sus procesiones marianas. Y se resbalan sobre esta cara del planeta como la luz blanca que desciende por la lámpara de estaño y atraviesa mi cabeza: "El alma está ahora en el corazón" (le sopla el viento al oído). "El corazón no muerde" (le sopla en el otro oído el hombre). Y ha de ocupar ahora ese hueco del cuerpo despierto (descendido), al fin: terreno.

And one slips into the world as a newborn and must connect, one to another, the senses, to find a space in the space of the world, to expel the space from within and bestow it to the air. There exists a discrepancy, as if she were deferred from the landscape, as if it all were a plea or a not yet. There is a *when*, and then she is fully displaneted. One turned into a hollow, that is, into everything. One unspoken, unperceived, not even by herself, until she (who is one) arrives and knows her features (that is, recognizes her). And she says: "come with me to the realm of forms in Krakowskie Przedmieście, where Chopin's fingers will comfort us with notes of quiet joy." Carried by the wind, they cross the Marian procession of the Royal Avenue of life. And they slip along this face of the planet like the white light that descends from the tin lamp, passing through my head: "The soul is now in the heart" (the wind whispers into her ear). "The heart does not bite" (man whispers into her other). And now, it must occupy that hollow of the awakened (descended) body, grounded at last.

Rozó la tierra el paraíso un momento.

Todo estaba dispuesto: un río, un fogón y las violetas.
Éramos iglesia blanca, religión de porvenir.

Pero un violín se agitó en la última rama,
y todas las flores de palacio se bañaron en una nota azul.

También he visto amapolas derramar sus colores a través
de la historia y de los parques
y otras flores púrpuras, como mi corazón.

Me alejo de un país sin forma porque se abre
como las alas de un ángel que me arroja hacia el futuro
mientras me devuelve, en el tiempo, mi propia imagen.

Un país que respira, sigue respirando,
a través del hueco cóncavo de su madera.

La nostalgia escribo, pájaro mío.

Heredarás la tierra.

El vilano era mi amor.

FOR A moment, paradise brushed the earth.

Everything was laid out: a river, a hearth, and the violets.
We were a white church, a religion of a world to come.

But a violin trembled on the highest branch,
and all the palace flowers were bathed in a blue note.

I have also seen poppies spill their colors across history
and parks.
And other purple flowers, like my heart.

I leave a formless country because it opens
like the wings of an angel thrusting me toward my future
while returning my own image over the course of time.

A country that breathes, continues to breathe,
through the concave hollow of its wood.

I write nostalgia, my little bird.

You shall inherit the earth.

The thistledown was my love.

3. Tierra o nada

Caer de lleno en lleno,
como un antipájaro que enrola en su anticaída
los espacios compactos donde no se cae.

R.J.

3. Earth or Nothing

To fall from solid to solid,
like an anti-bird that merges in its anti-fall
the compact spaces, where one does not fall.

R.J.

I

Vine a un árbol
a contemplar pájaros mecánicos
a contraluz
agitando sus alas
sometidos
a una sagrada geometría, blancos
casi transparentes, los vi luego
y ellos a mí, entre las cosas, los árboles, los seres
y al colibrí
que traza la secante a ras de tierra
y a la telaraña que casa árbol con árbol.

Aquí estoy para que hagas de mí
pilar de tu trapecio,
para que el ala
transparente de un insecto
me acaricie las entrañas.

Para sentir esta rugosidad contra la espalda
he venido,
para unir tronco con tronco y escuchar
el gozne de la corteza al girar el cuello,
mirar el cielo
y sostenerme
girando en el planeta.

Apagarme si es preciso
en este parque
al final de la Alameda.

A saberme enhiesta como nuca
de pino verde.

I

I came to a tree
to watch mechanical birds
backlit
beating their wings
surrendered
to a sacred geometry, white
almost transparent I saw them later
and they saw me among things, trees, beings
and the hummingbird,
tracing a secant at ground level
and the spider's web that weds tree to tree.

Here I am for you to make of me
a pillar for your trapeze,
for the transparent wings
of an insect
to caress my entrails.

To feel this coarseness against my back
I've come
to tie trunk to trunk and listen
to the hinged swivel of the bark as I twist my neck,
to gaze at the sky
and hold still
spinning on the planet.

To extinguish myself if necessary
in this park
at the end of the Alameda.

To know I am erect like the nape
of an evergreen.

Así yo en esta tierra de pájaros eléctricos
y niños que salen de la clase de francés con Don Antonio
mientras un grupo de peruanos canta un huayno,
y aquel otro, congregado en otro banco,
forma una bella piña senegalesa.

Hombre tras hombre,
vi viejos con bastones
(apoyados en su ocaso)
en la tarea de pasar la tarde.

Cuánta apariencia de serenidad y de pasado,
cuánta España en sepia y banderilla
en este parque de mundo de siglo XXI
a unos metros del centro de salud La Milagrosa.

Y qué malva
el cielo sobre la cigüeña en el campanario
a esta hora cuando escucho claramente
la palabra "demostrable"
y pienso
cómo demostrar que el tiempo se cuela entre las cosas
mientras estas permanecen inamovibles en su centro.
Cómo averiguar si el pájaro está vivo o está muerto
sin partir al pájaro,
(y eliminar la posibilidad de la vida o del olvido).

O cómo continuar
en este territorio de la simultaneidad
y conocerme
cuando me separe finalmente del tronco
y el cuerpo tienda lentamente
hacia la curvatura de los años.

So, here I am in this land of electric birds
and children leaving Don Antonio's French class
as a group of Peruvians sings a huayno
and another group congregates around a bench,
a beautiful huddle from Senegal.

Man after man,
I saw old men with canes
(leaning on their sunsets)
bent on the task of whiling time away.

So much appearance of serenity and past,
so much Spain in sepia and banners
in this park of the twenty-first century world
a few meters away from The Miraculous Health Center.

And how mauve
the sky is above the stork on the bell tower
at this time of the evening as I clearly hear
the word "demonstrable"
and I wonder
how to demonstrate that time filters through things
as they remain untouchable at their core.
How can one be sure if the bird is alive or dead
without splitting it open
(thus, eliminating the possibility of life or oblivion).

How can I continue
in this territory of simultaneity
and know myself
when I finally separate from the trunk
and my body slowly bends
toward the curvature of the years.

Cómo aceptar algún día mi muerte,
yo, que esta mañana he atentado contra una mosca
(otro hecho demostrable)
o volver a casa alguna,
regresar a ningún sitio
después de haber estado
toda una tarde (eterna)
bajo la copa de un árbol.

Cómo volver a matar a una mosca
o a cualquiera de estas hormigas gigantes
que se cuelan por mi cuello
o a la araña que ha acudido a mi reclamo.

Cómo no amar
toda tu negra ecología,
tus viscosos vericuetos,
tierra:
llenos de vida y multiplicación.

How can I accept my death someday,
me, who just this morning attacked a fly
(another demonstrable fact)
or return to some house,
return to nowhere
after having been
for an (eternal) evening
beneath the canopy of a tree.

How can I kill a fly again
or any of these giant ants
crawling around my neck
or the spider that has responded to my call.

How can I not love
all your black ecology,
your viscous twists,
earth:
filled with life and multiplication.

II

Pero luego me senté a la mesa
y dije: cerdo, pisto y vino,
y me hice más carne, más vegetal, más uva.

No es necesaria la metafísica a la mesa.

El ser vive de su estómago y luego muere.

Pero antes ha de confrontar
esos grandes ojos de aceituna.

Inundarse de toda su tinta negra.

La única metafísica a la mesa
es la que recorre la dulzura de mi sangre.

II

But then I sat at the table
and said pork, pisto and wine
and became more flesh, more vegetable, more grape.

Metaphysics is unnecessary at the table.

We live by our stomachs and then die.

But first we must confront
those great olive eyes.

Submerge ourselves in their black ink.

The only possible metaphysics at the table
is now coursing through the sweetness of my blood.

III

A Soria se llega desde Flagstaff, Arizona,
atravesando peñascos rojos, cuarteados,
porosas paredes uterinas.

Tierra nos pare en contracciones,
nos dispara.

Tuvo que atravesar túneles y rocas, Mujer-Hombre,
para llegar bien renacuaja y bien despierta
(como los ángeles).

Así, Hombre-Mujer va sacando las branquias
de la mochila y va dejando
primitivos helechos a ambos lados de la carretera,
penetrando en territorio fractal,
espora a espora.

Así respira, va respirando,
con un collar de sándalo sobre el pecho: pasaporte
sin pasado.
Salvoconducto hacia la entraña.

El primer yo reconciliado de mi especie
vino a perderse en este surco,
y a mirar al sol fijamente,
hasta comenzar a segregar
un suave néctar en el paladar
para que nunca más tuviera que preocuparme
de la subsistencia.

El Tera fluye paralelo.

III

To Soria one arrives from Flagstaff, Arizona,
crossing red, cracked rocks,
porous uterine walls.

Earth gives birth to us with contractions,
spitting us out.

Thus Woman-Man had to pass through tunnels and rocks
to arrive, a pollywog and fully awake
(like the angels).

Thus Man-Woman pulls their gills
from a backpack, leaving
primitive ferns on both sides of the road
penetrating into fractal territory
spore by spore.

Thus she breathes, goes on breathing
with a sandalwood necklace on her chest: passport
without past.
Safe-conduct to the entrails.

The first reconciled self of my species
came to be lost in the crease,
and to stare at the sun
until beginning to secrete
a soft nectar on the palate
to never again have to worry
about subsistence.

The Tera River flows parallel.

Numancia, la perpendicular historia,
se yergue a mi derecha…

Y cielo y tierra van ocupando exactamente
el mismo espacio; una línea
que el tiempo traza a ras de mi cintura
y me hace partícipe de dos esferas.

Porque un beso se quedó
en el pico de la garza blanca
en el Monte de las Ánimas
o en el rayo de luna en mí,

a Soria llego, lombriz
ciega de amor.

And Numancia, with its perpendicular history,
rises to the right...

And sky and earth occupy
exactly the same space
along my waist: a line
rendering me a participant in two spheres.

Because a kiss was left
on the beak of the white crane
on the Monte de las Ánimas
or on the moonbeam within me

to Soria I arrive, worm
blinded by love.

IV

Horadando la tierra voy.

Este es mi cuerpo:
hecho de aros y genuflexiones.

IV

Burrowing into the earth I go.

This is my body:
made of rings and genuflections.

V

Si me desnudo, perteneceré a cualquier época,
a cualquier viento,
a cualquier hombre.

Si extiendo un mantel sobre la hierba
y saco una bota de vino
y la hogaza de pan blanco
que traigo bajo el mandil
a la altura del vientre.

O si me dejo llevar durante la siesta por una mariposa
blanca…

Si los pies descalzos
no se separan del suelo,

y el tiempo me muestra por fin su rostro
en este habitar el mundo con ojos de mosca
(pórticos poliédricos).

O si mi cerebro alcanza a registrar
la última película de agua
y pasa la mano sobre la superficie lacrada de las horas.

Si subo el volumen de la rapsodia de un pájaro
o del ala blanca de la mariposa.

¿Y si me quedo
por siempre en Soria?

O me pierdo en la arboleda persiguiendo un vuelo,
buscando penetrar la mente del mundo…

V

If I undress, I'll belong to any era,
any wind,
any man.

If I spread a cloth over the grass
and take out a bottle of wine
and a loaf of white bread
that I carry under my apron
against my womb.

If I let myself be carried away during my nap by a white
butterfly....

If my bare feet
never leave the ground,

and time finally reveals its true face to me:
this inhabiting of the world with fly's eyes
(polyhedral portals to the past).

If my brain manages to perceive
the last film of water
and caresses the lacquered surface of the hours.

If I turn up the volume of a bird's rhapsody
or the white wing of the butterfly.

And if I remain
forever in Soria?

Or get lost in the grove following a flight,
seeking to penetrate the mind of the world...

Si desaparezco
tras ese trazo triangulado entre las ramas
(pues nada debería importarme más ahora
que seguir la ruta de los designios y de las formas).

Desaparecer tras esta pantalla de mundo
im-pe-re-ce-de-ro
a la que mi mente quiere, sí, mi mente quiere,
sí.
Mi mente, mi mente quiere
igualarse.

Igualarse a Soria.

He aquí las instrucciones más precisas de vuelo,
las que recibo a las puertas de la madrugada:

If I disappear
through the triangulated lines of the forest branches
(for nothing should be more important to me now
than to follow the path of dictates and forms)

To disappear behind this
im-pe-ri-sha-ble world screen
that my mind wants, yes, my mind wants,
yes,
my mind, my mind wants
to mirror.

To mirror Soria.

These are the most precise instructions for flight,
the ones I receive at the gates of dawn:

VI

El amor puede germinar
sobre cualquier superficie sometida al tacto.

El modo más sutil de lactancia:
enterrar la mano y ordeñar la leche
de las hortensias.

Amamantar el mantillo
(la fórmula de la cordura de la madre,
de la mano de la madre).

El vientre que explota en grano y amapola,
que sucumbe en flor y canto.

Existe un ímpetu hacia la tierra
como el del pecho que tiende hacia la boca del infante.

Existe un cumplimiento de mi raza
en este olor a recién nacido tallo.

VI

*Love can spring from
any surface subjected to touch.*

*The subtlest way to breastfeed:
bury the hand and coax the milk
from the hydrangeas.*

*Nurse the humus
(the formula for the mother's sanity,
for the mother's hand).*

*The breast that explodes into seed and poppy,
that succumbs to flower and song.*

*There is an impulse toward the earth
like the breast that tends toward the infant's mouth.*

*There is a fulfilling of my race
in the aroma of this newborn stalk.*

VII

Hay un jardín donde crecerá la flor más púrpura,
y lo que ahora soy, bajo esta sombra de futuro, será semilla.

VII

There is a garden where the most purple flower shall grow,
and what I am now, beneath this shadow of the future,
shall be seed.

VIII

Una violeta mojada
entre las piedras del monasterio de San Juan,
una nueva forma de mirar un pétalo
entre las piedras.

Así, el alma
en la pequeña ermita, reposa
como reposa mi sombra
al lado izquierdo del altar.

Una sombra por la propia sombra perseguida.

Algo tan matérico: esta adherencia,
tras la batalla en el mundo de la luz.

VIII

A damp violet
among the stones of the San Juan Monastery,
a new way of seeing a petal
among the stones.

Thus, the soul
in a small shrine rests,
as rests my shadow
to the left of the altar.

A shadow pursued by its own shadow.

Something so material: this adherence,
after the battle in the realm of light.

IX

Así se está en España, entre las piedras,
y los acentos a los veintitantos
grados a las tantas
con vino, pan y niño Pedro.

Porque solo hay calor
y equidistancia
desde cualquier punto a las estrellas,
o a cualquiera de estas persianas
desvencijadas desde hace ya veintitantos…

Hay un sueño que otea
desde una ventana en la plaza de Herradores,
el lugar a donde llegas,
te sientas a una mesa,
miras el orbe
(reflejado en tu pequeño cáliz),
y no hay diferencia entre abrir
y cerrar los ojos.

A fuego lento, entre un mantel y un cielo:
toda mi esperanza.

IX

This is how one is in Spain, among the stones,
and accents at twenty-some
degrees, in the wee hours
with wine, bread and niño Pedro.

Because there is only heat
and equidistance
from any random point up to the stars
or to any of those Persian blinds
falling apart after twenty-some…

There is a dream that overlooks
Plaza de Herradores from a window,
a square where you arrive,
sit at the table
and gaze at the orb
(reflected in your small goblet)
and there is no difference between opening
and closing your eyes.

On low heat, between tablecloth and sky:
all my hopes.

4. Uma janela em Lisboa

Caer de línea en línea,
hasta abandonar el dosel de las líneas.

R.J.

4. Uma Janela em Lisboa

EL CICLO fue este: una contracción en el mundo de las formas para luego desbordarme con el ímpetu del fuego. Un movimiento (una metafísica) de sístole a diástole. Un arrojar a la ciudad medio cuerpo (cabeza, frente, manos), mientras la otra mitad (desde la casa) se agarra a la lengua y a las tradiciones. A las cuerdas de la garganta. Medio cuerpo en el hogar y medio cuerpo a la caza de pájaros y cuerpos voladores. Como quien sale a callejearse por los adoquines resbaladizos de Lisboa. Lo que ahora importa es la humedad, el musgo (que llevo dentro y aflora). Lanzarse (*espalhar-se*) contra la superficie porosa de las cosas. Y de los cuerpos.

Pero estas palabras podrían ser tan solo cristales rotos.

THE CYCLE went like this: a contraction in the world of forms to overwhelm me with the impetus of fire. A movement (a metaphysics) from systole to diastole. A thrusting of half the body into the city (head, brow, hands), while the other half (from the house) holds tight to language and traditions. To the vocal cords. Half the body at home and half the body chasing birds and flying bodies. Like going out to wander the slippery cobblestones of Lisbon. What matters now is the humidity, the moss (that I carry inside and blooms). To hurl myself (*espalharme*) against the porous surface of things. And bodies.

But these words might be mere crystal shards.

OBSERVO el lento crepitar del fuego bajo la olla en un bar del largo São Miguel da Alfama. Y me concentro en el ardor que el fuego crea en mi vientre. Un fuego que me inflama como el tallo de una flor que crece y sube hasta mi corazón para abrir otro pétalo. Pero hay que conocer las reglas del fuego (y de su danza). No pienso (no quiero pensar). Preconizo una lucha y un placer. También escribo para subir una escalera (todas las escaleras) de este barrio de Alfama y observar mi ciudad desde lo alto. La lumbre en cada casa, en cada cuerpo. Cada casa es un cuerpo. Y cada cuerpo, un incendio.

Otras veces, tan solo escribo con un caramelo en la boca.

I WATCH the slow crackle of a flame beneath a pot in a tavern in Largo de São Miguel da Alfama. I concentrate on the heat the fire ignites in my womb. A fire that inflames me like the stem of a flower that grows and rises to open a new petal in my heart. But one must know the rules of fire (and its dance). I don't think (I don't want to think). I foresee a battle and a pleasure. I also write to climb the stairs (all the stairs) of this neighborhood and gaze over my city from up high. The hearth in every house, in every body. Every house is a body. And every body is a fire.

Other times, I only write with a candy in my mouth.

PASA el sol por la esquina de una casa esquinada, como pasan los viejos y las viejas por los callejones que rodean la casa: filtrando con sus pasos y pensamientos portugueses mis paredes. ¿Y si bajo a la plaza y me detengo a custodiar la esquina y giro con el tiempo en torno a su vértice? ¿O si me apoyo en el bastón que ya se escucha bajando la escalera, y que sostiene mis adquiridas *saudades*? No hace falta. Una mujer, desde ese ángulo preciso, ya ha decidido que la fachada de mi casa ha de ser fotografiada conmigo dentro. Ya estoy presa (cual muñeca rusa) en las páginas que leo. En ventana. Y en fachada. Posiblemente mi rostro se adivine a través de las rejillas del balcón y de mis gafas. Incluso haya inclinado el cuello oblicuamente hacia la izquierda (ese inclinar mío lateral de la cabeza como cuando de niña papá me hacía fotos, esa transversalidad mía, inconsciente, ante cualquiera que requiera de mi imagen). Ya estoy lista en esa pose para recorrer inmarcesible el mundo.

Con mi fuego.

THE SUN passes the corner of a corner house just as the old men and women pass through the alleyways surrounding the house: Portuguese footsteps and thoughts filtering through my walls. And what if I were to go down to the square and stop to guard the corner and, over time, spin around its vertex? Or lean on the cane I now hear going down the stairs bearing my acquired longings? It's not necessary. From that precise angle, a woman has decided that the façade of this house must be photographed with me inside. I'm now trapped (like a Russian doll) on the pages I read. In a window. And in a façade. Perhaps my countenance is visible through the balcony's railings and my glasses. I might have tilted my neck a little to the left (this tilting of the head like when I was a girl and papa would take my picture, this unconscious transversality of mine whenever someone requires my image). I'm already set in this pose to unfadingly tour the world.

With my fire.

HAY una vieja tras esta ventana, y ahí, una mujer africana y allí, una joven portuguesa… una mujer por ventana. Así también anduve yo algún tiempo: amurallada. Aquello fue un ímpetu de búsqueda en el espacio (un mundo inferior, según Pessoa). Cuelgo pues la ropa interior ahí fuera (la interioridad bien expuesta). Y subo otro peldaño en los mundos que me quedan: del espacio al tiempo hay un peldaño.

En portugués: *um andar.*

THERE's an old lady behind this window, and over there's an African woman, and even farther, a young Portuguese girl… one woman per window. I was there too for some time: walled in. That was an impulse to search in space (a nether world, according to Pessoa). Thus, I hang my underclothing outside (my intimacy fully exposed). And I ascend another step in the worlds that are left to me: from space to time there is one step.

In Portuguese: *um andar*

En este mar de adoquines rotos, resbaladizos, busco cobijo (esta noche me cuelo) en la indagación de la naturaleza del deseo. Un modo de hallarme con media pierna fuera a través de mi ventana-puerta en la Rua dos Remédios. Abrazar mi noche como si fuera la última (o la primera), recoger la extremidad, acoplarla al torso y decirle: recógete de tu fuga (de tu transversalidad) cuando anochece y cuida que los cuerpos que pasean no tropiecen y *se espalhem* contra tu hermosura de pierna (que luego es cuerpo). Pero ya es tarde: ya habrá tropezado contra ti el deseo. Inteligencia: dame (date) besos de asfalto esta noche. Convoca a la sagrada familia: cabezas, piernas, torsos. Entra y dime: contén tus ángulos, paloma.

O déjame saltar a tus dos ojos negros.

THROUGH this sea of broken and slippery cobblestones, I seek shelter (tonight I filter through) in my research on the nature of desire. A way to find myself with half a leg through my window-door on Travessa dos Remédios. To embrace my night as if it were the last (or the first), to pull in my lower body, hug it to my torso and tell it: give up your flight (your transversality) when night falls, and take care of the bodies that pass by; let them not trip, *espalhar-se*, over the beauty of your leg (which later becomes a body). Too late: desire has already tripped into you. Intelligence: give me (give yourself) asphalt kisses tonight. Convoke the sacred family: heads, legs, torsos. Come in and tell me: contain your angles, dove.

Or let me leap into your dark eyes.

Desenvuelvo el caramelo.

Y el cuerpo que cae en su vacío. Y otra puerta. *Todo o conhecimento vem dos o pelos sentidos.* Pero no sabemos cuántos sentidos hay (ni cuántos tiempos). Quizás cada cuerpo tenga su tiempo, cada *cheiro,* cada *pele, a sua própria metafísica;* su sabor en la lengua, después de haber llegado a ese conocimiento. *O prazer:* un modo de acceso al tiempo (una puerta). Conocer: acceder por la piel, *pelos sentidos —mais quantos sentidos há?.* Tomarle el pulso al tiempo.

Decidir si esa puerta (ese *conhecimento*) se abre o se cierra.

All knowledge comes from or through the senses;
however we don't know how many are senses (how many senses there are).

FERNANDO PESSOA

I UNWRAP the piece of candy.

And the body that falls into its void. And another door. *Todo o conhecimento vem dos ou pelos sentidos.* But we don't know how many senses there are (or how many times). Perhaps each body has its own time, every smell, every skin, *a sua própria metafísica*; its own taste on the tongue after having reached that knowledge. *O prazer*: a way of accessing time (a door). To know: to access through the skin, *pelos sentidos —mais quantos sentidos há?*. To take the pulse of time.

To decide if that door (that *conhecimento*) opens or closes.

EL CUERPO: la palabra: la filosofía

son uno al ponerse en pie y en piel ante el espejo.
Una astilla del gran cuerpo.

Puedo vibrar.

Eso lo aprendí a través del cuerpo
y de los sentidos.

Mais quantos sentidos há…

THE BODY: the word: philosophy

are all one as we stand up, buck naked, before the mirror.
A splinter of the great body.

I can vibrate.

I learned that through the body
and the senses.

Mais quantos sentidos há…

O el cuerpo como vehículo de aproximación al espejo. Volver al padre y a la madre directamente a través del sexo. Saldar la deuda, la partida, el desalojo. ¿Era eso? *É isso?* ¿Es eso lo que busca el cuerpo? ¿Regresar al huerto, a las hortensias? ¿Era eso? ¿Es esa la cuenta por saldar? Mirarnos en aquel tiempo, en aquel espejo, confrontar los huesos… *é isso?* ¿Dónde, mi espejo, mis cristales rotos? *Meu espelho…* ¿Qué forma tiene? ¿Acaso ninguna? *Nenhuma forma… Acaso seja um espelho espalhado. É isso, meu Deus? É isso, meu arquiteto…?*

Or the body as vehicle for approaching the mirror. To return to the father and the mother directly through sex. To pay off the debt, the departure, the eviction. Was it that? *É isso?* Is that what the body wants? To go back to the garden, to the hydrangeas? Was it that? Is that the account to settle? To see ourselves in that time, in that mirror, to confront our bones... É isso? Where, my mirror, my crystal shards? *Meu espelho...* What is your form? Perhaps none at all? *Nenhuma forma... Acaso seja um espelho espalhado. É isso, meu Deus? É isso, meu arquiteto...?*

Cuán precisa fue luego la subida, sorteando perros rabiosos, estrechos callejones, escaleras, cumbres (equidistantes en el tiempo), para llegar al mirador Portas do Céu. Como igualmente fue preciso haber ventilado la piel (la casa), sacudido las sábanas (el haz y el envés del cuerpo). Y los ojos: también fue preciso sacudirlos, deshacerme de esa pátina de mansedumbre que el tiempo deja (tercamente) en Lisboa. Preciso que ahora se dé cierta ósmosis entre mis materiales antiguos. Hacer la foto del Tejo. Y abrir de par en par las ventanas (también fue preciso) para que toda yo fuera marco de un paisaje de *saudades* inmanentes (como te quise, aún te quiero). Pero igualmente es preciso que ahora me lance colina abajo a la velocidad del tranvía en un tiempo que el río limpia y rejuvenece. El carguero parte el agua. Y mientras estas puertas se abren, las grúas parten el cielo (precisamente).

Fue así como llegué a la Baixa.

So necessary, then, the climb dodging rabid dogs, narrow alleyways, stairways, peaks (equidistant in time) to reach the Portas do Céu overlook. As necessary as having aired the skin (the house), shaken the sheets (the body's warp and weft). And my eyes: they too needed to be shaken, to rid myself of that patina of meekness that time leaves in Lisbon (stubbornly). Now it is necessary for a certain osmosis to pass among my old materials. To photograph the Tejo. And throw the windows wide open (it was also necessary), so that all of me might become a frame for a landscape of immanent longings (as I loved you, I still do). But now it is equally necessary to launch myself down the hill, at tram-speed, in a time that the river cleanses and renews. The cargo ship parts the water. And as these doors swing open, the cranes split the sky (necessarily).

That is how I arrived in La Baixa.

5. El pozo

y caer en lo abierto,
desnudo hasta la forma.

R.J.

5. The well

and to fall into the open,
bare through form.

R.J.

A LAS CINCO exactamente llegué al pozo. Y para que dieran las cinco en el momento justo, antes tuve que haberme perdido, no haber mirado mapas, caminar sin pensar, piedra tras piedra. Como un marinero ciego, antes tuve que haber optado por todo. No seguir al guía, dejar el Palácio da Pena para más tarde en el trayecto, alejarme poco a poco del pueblo camino hacia el castillo por el lateral de la montaña. Respirar (ir respirando) un aire clorofílico y descubrir en ello extravagancias manuelinas: texturas, porcelanas, espejos (todas mis máscaras). No detenerme. No detenerme por una vez en la vida a contemplar la puesta de sol más magnificente. Seguir un designio pese a todo lo que me solicitaba acuciante desde afuera. Y en una de esas motos para turistas, dejar a los lados de la carretera la humilde casa de un rey lúsofono (pero el liquen, descubrí aquella tarde, es la más perpetua de las monarquías). Llegar a última hora a la Quinta da Regaleira para caminar por sus jardines como habría hecho el mismo Andersen. Subir tanto como subí aquella tarde (que fue metáfora). Tanto ascenso, tanta pérdida y desalojo, para llegar a la cita de las cinco de la tarde con la boca del pozo (con la propia boca) y emprender el descenso en espiral por las escaleras internas: las manos sobre las paredes húmedas, las orejas de gacela atentas a la trayectoria final de las gotas. Recuerdo las paredes del pozo a las cinco de la tarde, cuando la luz y todas las líneas incidieron prismáticas sobre la cara oculta de un mundo que fue ventana hacia dentro. La conclusión de este viaje es esta (la conclusión de una vida es esta): hay un pozo hecho para descendernos — quien desciende a la boca de un pozo tan solo desciende hacia sí mismo—, en el momento en el que un ave enciende su trino (señal de descenso) y a la que luego se unen todas las aves de esta quinta, y a continuación, todas las aves del planeta, dicién-

AT EXACTLY five o'clock I reached the well. And for it to
be five on the dot, I first had to lose myself, to not look at
any map, to walk without thinking, stone after stone. Like a
blind sailor, I went all in. Not to follow the guide, leave the
Palácio da Pena for later on my journey, distance myself lit-
tle by little from the town on my way toward the castle on
this mountain's flank. To breathe (keep breathing) a chlo-
rophyllic air, and to discover in it Manueline extravaganc-
es: textures, porcelain, mirrors (all my masks). Not to stop.
Not to stop, for once in my life, to contemplate the most
magnificent sunset (despite the landscape and its framing).
To follow a dictum despite everything that urgently called
from outside. And on one of those motorbikes for tourists,
to leave the humble house of a Lusophone king by the side
of the road (but lichen, I discovered that afternoon, is the
most enduring of monarchies). To arrive just so at the last
minute at the Quinta da Regaleira and walk through the
gardens like Andersen himself would have done. To ascend
as much as I ascended that afternoon (which was a meta-
phor). So much climbing, so much loss and displacement
to arrive at my appointment at five with the mouth of a well
(my own mouth) and begin the spiral descent through the
inner stairs: hands on the damp walls, ears up like a gazelle,
attentive to the final dribble of droplets. I remember the
walls of the well at five in the afternoon when the light and
every line fell prismatically on the hidden face of a world
that was a window facing inward. The conclusion of this
journey is this (the conclusion of a life is this): there is a
well made for our own descent — whoever descends into
the mouth of a well only descends toward themselves— at
the very moment that a bird ignites its trill and all the birds
of this villa join together and then all the birds of the plan-
et, speaking to me: *this is your sunset.* And I answer with

dome: *tu puesta de sol es esta.* Y yo, que contesto con pasos: ya voy, ya llego, ya le traigo a mi alma el alimento bajo el brazo. Ya os llevo, majestad, camino al centro de la entraña, un gusano.

Pues soy piedra gravemente herida que, gravemente, vive y desciende.

footsteps: I'm coming, here I come. I'm bringing food to my soul in my arms. I bring to you, your majesty, on my path to the core of the entrails, a worm.

For I am a stone gravely injured that gravely lives and descends.

6. La fragua de un pájaro

Caer de vida en vida,
pero adentro de esta vida,
hasta que nos detenga como un cuerpo plenario
el resumen del ser.

R.J.

6. The Forging of a Bird

To fall from life to life,
but inside this life,
until like a full body
the summary of being stops us.

R.J.

GRECIA es un planeta blanco que amanece bajo hojas de parra. Los gorriones y la luz se cuelan por el enrejado que sostiene la planta y todo nos ofrece un juego de ajedrez mañanero con su perfecta geometría: mantel blanco, tomates, ciruelas y queso fresco (la esfericidad sobre la mesa). Luego nos espera un suelo marino transparente en que descubrir el milagro de las ánforas y los bancos de pececillos con su sincronizado flagelo (la esfericidad acuática). Pero aquí, la forma de agua por excelencia es el burro. Basta con saltar a sus dos ojos negros, acariciar el remolino del vello de su frente, la suave ola de su lomo, para detectar su elemento. Beber del pozo de sus ojos, morder los colores de la carne del fruto y escuchar el aleteo de los gorriones que ya se convocan sobre los cubiertos: es la tarea de esta mañana en su leve *in crescendo* hacia la máxima exposición de los sentidos. Ha amanecido en una isla blanca. Y a este nuevo sol le pido que mi canción encuentre también su centro.

Greece is a white planet that dawns beneath grape leaves. Sparrows and light filter through the latticework that supports the plant, and offers us a morning chess game with its perfect geometry: white tablecloth, tomatoes, plums, and fresh white cheese (sphericity on the table). Then a transparent seabed awaits us, where we can discover the miracle of amphorae and schools of fish with their synchronized flagella (aquatic sphericity). But here, the quintessential shape of water is the donkey. It's enough to leap into its black eyes, stroke the swirling fur on its forehead, the gentle waves on its back, to detect its element. To drink from the well of its eyes, nibble the colors of the fruit's flesh, listen to the fluttering of sparrows congregating on the silverware: that is the morning task in its slow *crescendo* toward maximum exposure of the senses. Dawn has broken over a white island. And I ask of this new sun that my song may also find its center.

Una flor y una plegaria. O una plegaria por flor: tomar el pistilo entre los dedos, apretar con fuerza hasta que salte la pequeña semilla, dejarla en agua y aceite, y pedir un deseo. Eso dijo la anciana vestida de negro en su camino de regreso del Olimpo. Compartió con nosotras el secreto de los días de la infancia. Acopiemos, pues, un número de milagros asequible para toda una vida y sigamos su senda por este camino escarpado. Observemos luego los colores del Egeo: casas blancas, puertas azules, flores púrpuras (los colores del milagro), para llegar al punzante placer del día: las canciones de Cohen a la puesta de sol tras las montañas del Peloponeso. El poeta dijo que todas sus melodías eran la sencilla progresión de los seis acordes que un español le enseñó en Montreal antes de quitarse la vida. Mis acordes también son pocos: la vida y el milagro insertado en sus elementos. Mi guitarra: la fragua de un pájaro. Mis cinco espadas: la palabra errada para el silencio.

A flower and a prayer. Or a prayer per flower: take the pistil between the fingers, squeeze firmly until the tiny seed pops out, place the flower in water and oil, and make a wish. That's what the old woman dressed in black said on her way back from Olympus. She shared with us the secret of childhood days. So, let us gather a reasonable number of miracles for an entire lifetime and follow the path of miracles along this precipitous trail. And contemplate the colors of the Aegean: white houses, blue doors, purple flowers (the colors of miracle), until we arrive at the piercing pleasure of the day: Cohen's songs while the sun sets behind the mountains of the Peloponnese. The poet said that all his melodies were the simple progression of the six chords a Spaniard taught him in Montreal before taking his own life. My chords are also few: life and miracles embedded in its elements. My guitar: the forging of a bird. My five swords: my erring words for silence.

CAMINO hacia Epidauro a través de olivos y ramas secas, un niño baja en su roja bicicleta la cuesta que conduce a un níspero. Grecia, con sus pequeños santuarios a los lados de la carretera, se enrosca, se va enroscando, dirección al templo de Asclepios. El ritual ha de ser este: desprendernos de nuestros lazos para que el cielo nos dé sus frutos y un aceite. De la roca caliente saltan nanobios en su pequeño orgasmo eleusino. *Eureka* por estos orbes en rama: aceitunas que han nacido de la simiente de los dioses. *Eureka* por el cielo, el más claro espejo de mi mente. Tú y yo en el planeta, bajo la misma luna y un Saturno (*Philia* y *Neikos)*. Cortemos todos los hilos, que nuestro amor no precisa de un nosotros para dar sus frutos.

ON THE ROAD to Epidaurus, through olive groves and dry branches, a boy rides down the slope on a red bicycle toward a loquat tree. Greece, with her small sanctuaries along the roadside, twists and turns toward the Asclepius Temple. The ritual must go like this: loosen our ties so that the sky may provide its fruits and its oil. Nanobes spring forth from the warm rocks in their tiny Eleusinian orgasm. *Eureka* for the orbs on the branches: olives born from the seed of gods. *Eureka* for the sky, the clearest mirror of my mind. You and I on the planet, under the same moon and Saturn (*Philia* and *Neikos)*. Let's cut all threads, for our love does not need an "us" to bear its fruit.

En el antiguo templo de Asclepios, el cuerpo, horizontal en el centro del templo, reverbera. Era la hora precisa en la lección de anatomía cuando mis manos se ajustaron a mis manos como guantes y los presentes en la sala (todos los dioses y sus discípulos) tomaron la forma de las uvas de la parra que me cubría la cabeza. Poco a poco, se enroscaron las imágenes y las vidas en vertical luminiscencia a la columna, en descenso por el báculo a través de mis vértebras. Fue así como salté a los ojos negros de piedad de la serpiente, extendí la mano (por fin perfecta) para morder la cabeza del maestro — el pecado fue haber querido ser lo que ya éramos. Recuerdo el mar y a lo lejos, sobre las aguas del Egeo, las columnas del pequeño anfiteatro de Asclepios.

In the ancient Temple of Asclepius, the body, lying horizontal at the center of the temple, reverberates. It was the precise hour of the anatomy lesson when my hands fit like gloves, and those present in the chamber (all the gods and their disciples) took the form of grapes on the vine covering my head. Little by little, images and lives, glowing in vertical luminescence, entwined as they descended the staff, passing through my vertebrae. That is how I leapt into the serpent's merciful black eyes and reached out my hand (finally, perfect) to bite the master's head — the sin was wanting to be what we were already. I remember the sea, and from afar, above the waters of the Aegean, the columns of the small amphitheater of Asclepius.

HAY una mujer ateniense, Fotis ("luz" en griego), que a sus ochenta y cuatro (dibujados con su dedo índice sobre la pared de cal), sale a comprar su cena a medianoche entre estrechos callejones y gatos negros. Y hay una hermana, Lucía, que le pregunta a la mujer por su nombre. Y dos luces se unen en un abrazo y me acogen para formar racimo. Así fuimos las Tres Horas bajo las farolas y los cables de teléfono. Así permanecimos, como el pájaro en el cable o las imágenes en la última metopa del friso oeste del Partenón, cosidas a una lengua helénica. Como las perlas al *Collar de la Paloma*, como las riendas del caballo al auriga, como las olivas negras a los ojos de mi amor… Ahí seguimos, en la falda de la Acrópolis, a medianoche bajo la luz eléctrica.

THERE IS an Athenian woman, Fotis (Greek for "light"), eighty-four (traced with her index finger on the limestone wall), who goes out to buy her dinner at midnight amid narrow alleyways and black cats. And there is a sister, Lucía, who asks the woman her name. Two lights come together and embrace me to form a cluster. Thus, we became the Three Hours beneath the streetlights and telephone cables. Thus, we remained like the bird on the wire or the images on the last metope of the Parthenon's western frieze, threaded in a Hellenic tongue. Like pearls to the *Ring of the Dove*, reins to the charioteer's horse, or black olives to the eyes of my love... There we remain, at midnight, at the foot of the Acropolis, beneath the electric lights.

ENCUENTRO amparo en los templos.

El templo como casa. La casa como cuerpo.
Luego, el cuerpo como templo.

Encuentro amparo en los trinos.
Luego, los trinos como el sonido de la casa y del templo.

Situarme en el ángulo preciso desde donde observar, a lo alto,
el Templo de Atenea.

Penetrar en los sonidos del pueblo.

Habitar la casa de los dioses con los sonidos del hombre
a las puertas de la Iglesia de la Metamorfosis.

De cuerpo en cuerpo
de provincia en provincia

aprender a vivir
(aprender a caer)

justa y dignamente.

I find refuge in temples.

The temple as house. The house as body.
Thus, the body as temple.

I find refuge in birdsong.
Thus, the birdsongs as the sounds of the house and the temple.

To seat myself at the perfect angle from which to observe
the Temple of Athena.

To penetrate the sounds of the people.

To inhabit the house of gods with the sounds of man,
at the doors of the Church of the Metamorphosis.

From body to body
from province to province

to learn how to live
(to learn how to fall)

with fairness and dignity.

Mi dignidad *no consiste en estar de pie y mantenerme,*
sino en sucumbir a mi soberanía: mi mente

convergiendo en un gran río.

La dignidad como inmortalidad.

Mi dignidad son millones de explosiones
de galaxias que nacen y mueren. No verbaliza,
es atómica y fetal.
Habita esa región del Antes (la región del Todo),
y solo ahí se satisface.

Mi dignidad está desnuda
como el querubín
o como el indio con su traje
de orquídea pleistocena.

Es antes que el Padre (no tiene ancestros,
nada en niebla).
Es cámbrica y oscura como la oruga
en la lengua de un anfibio.
Protuberancia.

Impulso de vida y muerte.

Mi dignidad es un orgasmo, una placenta, una herida,
una perla blanca en el seno de toda viscosidad,
bellísima y cristalina,
luminosa nova subterránea y transparente.

Mi dignidad habita una mente
concéntrica

*M*Y DIGNITY *does not consist in standing up and holding strong,*
but in succumbing to my sovereignty: my mind

converging in a great river.

Dignity as immortality.

My dignity is millions of explosions of galaxies
that are born and die. It does not verbalize,
it is atomic and fetal.
It inhabits the region of Before (the region of All)
and only there is it satisfied.

My dignity is naked
like the cherub
or like the native in his
Pleistocene orchid suit.

It precedes the Father (it has no ancestors,
it swims in fog).
It is Cambrian and dark as the worm
on the tongue of an amphibian.
Protuberance.

Impulse of life and death.

My dignity is an orgasm, a placenta, a wound,
a white pearl in the womb of all viscosity,
beautiful and crystalline,
subterranean nova, luminous and transparent.

My dignity inhabits a mind
concentric

como una manzana en un país sin horas,
un lugar muy adentro,
hecho de materiales de destino.

Inexorable,
como los ojos de la serpiente,

o como el musgo a una civilización perdida.

like an apple in a country without hours,
a place deep inside
made from the stuff of fate.

Inexorable
as the eyes of the serpent

or like moss to a lost civilization.

7. El dorado

Y entonces dar vuelta la caída
y volver a caer.

R.J.

7. El dorado

And then reverse the fall
and fall again.

R.J.

EL CIELO ha pasado aquí su segadora, cortando los hilos con el lugar alto de donde vengo, y lo que me da es reinado de superficies: sol sin fuego, aire sin densidad ni mensaje. El hombre en esta costa muere de rizoma propio. La única salida es abocarse a una playa, caminar sin mirar hacia atrás, abandonar las ropas de lo humano en esos ejércitos de salvación donde van a vivir los muertos (desterrados de esta forma tan delgada de vida). Tan solo la planta o la uva deposita el oro en nuestra frente al final del día y del paseo por el parque de Balboa (simulacro de Alcázar y de espejo). Tan solo la uva y el gorrión que se posa a mi mesa, y que aparece para ser testimonio de vida. Porque aquí no hay elementos, tan solo ciertas cualidades aparecen de repente: una humedad en el paladar para que, de nuevo, retomemos el camino de la flecha después de repostar en una caracola de consabidos simulacros. Tan solo la uva y la incognoscibilidad de estas flores que, descaradas, muestran su sexo al azul del cielo (se saben las reinas de copas de los pájaros). Tan solo las flores, cuando el oro se ha borrado de los mapas en el país al que, hatillo al hombro, llegó hace un siglo el bisabuelo. Yo soy, en el tiempo, tu cuño, tu sueño y tu espada. La hiedra de tu estirpe en el planeta: hiedra que busca piedra y pasado, y que dice "dame de beber agua, de la piedra".

THE SKY has passed here with its reaper, cutting the threads from the high place I come from, and what remains is a realm of surfaces: sun without fire, air without density or message. Man on this coast dies of his own rhizome. The only escape is to head for the beach, to walk without looking back, to shed human clothing in those armies of salvation where the dead go to live (exiled from this slender way of life). Only the plant or the grape can return the gold to our brows at the end of the day and the walk through Balboa Park (simulacrum of Alcázar and mirror). Only the grape, and the sparrow that perches on my table, appears to bear witness to life. Because here there are no elements, only certain qualities emerge out of nowhere: moisture on the palate to resume the arrow's path, after resting in a shell of well-known simulacra. Only the grape and the unknowable flowers, shamelessly exposing their sex to the blue sky (aware of being the Queens of Cups for the birds). Only the flowers, when gold has vanished from the map in the country where my great-grandfather arrived a century ago, bundle on his back. I am your mark in time, your dream, and your sword. The ivy of your line on this planet: ivy that seeks stone and past, that says "let me drink water from the stone."

Your Words Matter